AF278674

ÉTUDE

SUR LES MOYENS D'APPROPRIER LA CONSTITUTION
AU CARACTÈRE FRANÇAIS.

DU POUVOIR EXÉCUTIF. — DES DEUX CHAMBRES.

COMBINAISON

Du Pouvoir exécutif confié à un simple Président du Conseil des Ministres,

ET

D'un Sénat dont les attributions seraient limitées de manière à ce qu'il ne pût lutter contre la Représentation nationale, mais qui aurait le droit d'en appeler au suffrage universel par la dissolution de l'Assemblée des Représentants.

Il y a dans le caractère français plusieurs traits qui semblent indélébiles.

Nous avons toujours été un bizarre mélange de folie et de bon sens. — Ainsi, par exemple, notre littérature du 17e siècle, la plus grave, la plus sensée, la plus prudente littérature qui fut jamais, commença à se développer au milieu des étourderies et des inconséquences de la Fronde; ainsi encore, c'est au milieu des frivolités du 18e siècle que se formèrent les intelligences supérieures, les fortes convictions de l'Assemblée constituante. — Cette contradiction de notre caractère s'explique jusqu'à un certain point : nous sommes ordinairement *sages quand nous réfléchissons, fous quand nous ne réfléchissons pas.* Si, au moment où eurent lieu les élections pour l'Assemblée constituante, le niveau de la raison publique se trouva aussi élevé, c'est que, de 1786 à 1789, tous les esprits s'é-

1

tant émus dans l'attente des états généraux, trois années d'une discussion ardente, universelle, et cependant pacifique, avaient préparé le travail de la reconstituction sociale. On a pu également remarquer depuis 1789 que, dans toutes les circonstances où l'attention générale vivement excitée restait assez longtemps fixée sur une question, sur un système, notre démocratie rendait ses jugements avec autant de raison et de prudence qu'un Sénat expérimenté.

Voici un autre trait non moins essentiel de nos mœurs politiques : lorsque, depuis soixante ans, il s'est formé, sur une de ces grandes questions qui passionnent un peuple, une opinion dominante, lorsque cette opinion, placée en présence d'un obstacle légalement infranchissable, a cru à tort ou à raison qu'elle représentait la majorité du pays, et a pu par conséquent invoquer l'imprescriptibilité de la souveraineté populaire, l'obstacle légal a toujours été renversé, et toujours sous l'empire de cette pensée qu'il fallait se hâter de déchirer une Constitution vicieuse pour élever enfin un monument durable.

Comme les Athéniens, ce peuple auquel nous sommes semblables en tant de points, un invincible instinct nous porte vers la gloire de l'éloquence et vers celle des combats : tous les hommes qui depuis soixante ans ont exercé sur nous une puissante action, ont été grands à nos yeux par le prestige de la tribune ou par celui de l'épée.

Enfin, nous partageons avec presque toutes les démocraties un travers que nous poussons plus loin qu'aucune d'elles : nous exagérons sans mesure les qualités des hommes vers lesquels se porte la faveur populaire et les défauts de ceux qu'abandonne ce flot capricieux. Les exemples à cet égard seraient aujourd'hui tout-à-fait superflus.

Il s'agit donc de faire une Constitution durable pour une nation, la plus folle du monde quand elle ne réfléchit pas, la plus sage peut-être quand elle réfléchit; d'une irrésistible violence quand il lui plaît d'écraser un texte de loi sous le poids de sa souveraineté; amoureuse par tempérament, si on peut s'exprimer ainsi, de la parole et de l'épée; incapable enfin de se garantir à elle-même qu'un homme conservera pendant un temps déterminé son admiration ou même son estime.

Le premier mérite d'une Constitution, celui sans lequel tous les autres ne sont rien, c'est qu'elle soit appropriée au caractère du peuple pour lequel elle est faite : essayons de déterminer à quelles conditions devrait satisfaire la Constitution française pour qu'elle se trouvât appropriée au caractère français.

Il faudrait d'abord qu'elle satisfît à deux conditions difficiles à concilier : d'une part, il faudrait que de sérieuses précautions fussent prises contre les entraînements irréfléchis de notre nature (1); d'autre part, il faudrait cependant que la volonté nationale, une fois manifestée *après réflexion*, pût toujours légalement se faire obéir ; il faudrait par conséquent que les moyens imaginés pour forcer à la réflexion ne constituassent pas des obstacles légaux absolument infranchissables; il ne faudrait même pas que la volonté nationale, solennellement réfléchie et manifestée, fût arrêtée par un veto suspensif pendant un délai qu'elle n'aurait aucun moyen légal d'abréger : car, pour les natures comme la nôtre, pour les natures de premier mouvement, un délai dont on ne peut par aucun moyen abréger la durée est souvent aussi difficile, quelquefois même plus difficile à accepter qu'un obstacle absolument infranchissable.—Jamais un public français ne résistera à ce sophisme : si la loi est mauvaise, il faut la repousser définitivement; si elle

A quelles conditions devrait satifaire la Constitution française ?

---

(1) On se ferait illusion si on considérait l'exemple de l'Assemblée constituante, celui de la Convention nationale et celui de notre Assemblée actuelle comme devant rassurer sur le danger d'une Assemblée unique. Il y a dans la vie des peuples des moments solennels où la légèreté, l'étourderie ne trouvent plus de place. En présence d'une crise sociale comme celle de 1789, comme celle de 1792, comme celle où nous nous trouvons, l'attention du pays se concentre tout entière sur la politique; tout ce qu'il y a, en dehors de l'Assemblée, d'intelligence et de raison s'emploie à préparer ses travaux, à signaler les écueils de sa route; chaque Représentant est dominé par la conscience d'un grand péril public : d'ailleurs, en pareil cas, les avantages de l'unité dictatoriale feraient passer sur tous les inconvénients. Mais il ne peut toujours en être ainsi, d'abord parce que la nature humaine ne supporterait pas longtemps d'aussi fortes tensions, ensuite parce que la préoccupation politique trop générale et trop prolongée conduirait à la négligence des intérêts matériels, à l'anéantissement de la richesse publique. Il faut donc que, sous la garantie d'un mécanisme constitutionnel destiné à prévenir les dangers de l'irréflexion, chacun puisse oublier un peu la politique pour s'occuper, celui-ci de ses affaires, celui-là de ses plaisirs, celui-là de sa famille; il faut, en un mot, que les passagers puissent perdre de vue le gouvernail, sans craindre à chaque instant que le navire soit subitement jeté à la côte par une manœuvre imprudente décidée dans un moment de légèreté ou d'entraînement.

est bonne, il faut l'exécuter tout de suite. — En France, nous l'avons dit, quand l'opinion générale se prononce d'une manière énergique, persistante, elle a ordinairement raison ; lors même que, par hasard, la nation aurait tort, il vaudrait mieux lui laisser faire sa sottise que de tenter l'impossible en essayant de l'en empêcher.

Si on suppose résolu le problème de forcer, dans toutes les questions législatives, la nation à réfléchir, et de ne pas provoquer des explosions de colère populaire, il ne restera plus dans la Constitution de difficultés capitales que celles relatives au Pouvoir exécutif.

Le chef placé à la tête de la nation devra-t-il être éloigné tout à la fois du champ de bataille et de la tribune? Ne pouvant jamais commander une armée en personne, sera-t-il en même temps placé en dehors de l'Assemblée, de manière que ses communications avec elle se réduisent à des messages officiels? — Le danger de confier le Pouvoir exécutif à un homme qui, tout en administrant, livrerait des batailles, est tellement évident qu'il frappe tous les yeux. Mais si l'on est obligé, sous peine de compromettre gravement l'établissement républicain, d'interdire au chef du gouvernement la gloire militaire, n'est-ce pas une nécessité de lui laisser l'éclat moins dangereux qui s'attache aux luttes parlementaires? L'homme qui, chargé de donner l'impulsion à l'administration d'un grand pays, vient chaque jour se placer sur la brèche pour répondre publiquement de ses actes, rallie à lui bien des convictions, soit par le prestige de l'éloquence s'il est éloquent, soit même, s'il n'est pas éloquent, par la fermeté, par la franchise de son attitude, en parlant simplement devant tous le langage de l'expérience et de la raison. — On dira sans doute que le chef du gouvernement ne doit pas perdre en discussions un temps qu'il peut donner à l'administration; j'examinerai plus loin cette objection. On dira peut-être aussi que chez un peuple trop disposé à subir le charme des belles paroles, on doit soigneusement enlever au chef du Pouvoir exécutif un moyen de séduction dont il abuserait souvent. — Sans doute il faut prendre garde d'être trop gouverné, mais il faut encore prendre plus garde de ne l'être pas assez. Ce n'est pas chose facile, même pour un homme possédant des qualités éminentes, que de donner l'impulsion à la vie sociale d'un pays comme la France; il faut pour cela, dans beaucoup de circonstances, communiquer autour de soi un certain *entrain*, un certain élan que nul n'a encore produit en France, si, à défaut de ce prestige royal dont nous ne voulons plus, il ne s'est trouvé environné de l'éclat que laisse chez nous la victoire, soit qu'elle ait été remportée sur les champs de bataille, soit qu'elle ait été obtenue dans les luttes parlementaires.

Nous avons essayé, sous le Directoire, d'un gouvernement républicain relégué, loin des camps et de la tribune, dans l'obscurité d'un petit palais. — Le Directoire, composé d'hommes qui n'étaient pas sans valeur, a accompli de grandes choses : les campagnes d'Italie et d'Allemagne lui appartiennent aussi bien qu'à Louis XIV les victoires de Turenne et de Condé. N'avait-il pas organisé les armées? Ne leur avait-il pas choisi des généraux? — Il a maintenu à l'intérieur l'ordre matériel sans commettre de cruautés politiques; s'il n'a pas restauré nos finances, il est du moins parvenu à vivre (ce qui n'était pas une petite difficulté) au milieu d'un chaos financier tel, que notre crise actuelle pourrait en comparaison passer pour un état de grande prospérité. — Eh bien! jamais gouvernement n'a été aussi complétement dépourvu d'influence sur l'opinion publique.

Le chef du Pouvoir exécutif devrait-il être choisi, comme le le Président des États-Unis, pour un nombre d'années déterminé, ou, comme le Président actuel de notre Conseil des ministres, pour un temps indéterminé? — Cette question ne peut guère être examinée isolément, car la constitution du Pouvoir législatif réagit nécessairement sur la position qu'il convient de donner au chef du Pouvoir exécutif; mais enfin, si on se demandait d'une manière abstraite lequel convient mieux aux Français, d'un chef nommé pour un nombre d'années déterminé ou d'un chef choisi pour un temps indéterminé, on serait conduit à désirer (en supposant, bien entendu, que cela pût cadrer avec le reste de la Constitution), un chef choisi pour un temps indéterminé. — En effet, si nous devons nous enchaîner à un Président pour plusieurs années, sa nomination pourra bien être l'objet de luttes violentes; les questions de personne se traduisent en coups de fusil plus facilement peut-être encore que les questions de principe : et puis, ceux-là même qui auraient assuré par la violence la nomination d'un Président courront peut-être aux armes six mois après pour le renverser. — Le choix d'un simple Président du Conseil des ministres, toujours révocable au gré d'une majorité, causerait beaucoup moins d'émotion; et quand il serait *usé*, on aurait la ressource de changer.

Si les considérations qui précédent n'étaient pas tout à fait dénuées de raison, le projet de Constitution satisferait mal aux nécessités de la nature française.

D'abord ce projet ne résout pas le problème de nous forcer à la réflexion sans provoquer des explosions de colère populaire; d'une part, comme beaucoup de personnes l'ont déjà remarqué, aucune précaution n'a été prise contre le danger de l'irréflexion et des entraînements parlementaires; d'autre part, le danger des explosions n'est nullement évité. On aperçoit en effet bien des cas où cette volonté nationale, que les rédacteurs du projet ont surtout eu l'intention de faire prédominer sans contrôle et sans contrepoids, n'aurait d'autre ressource qu'une révolution nouvelle, soit pour se faire obéir dans l'exécution, soit même pour se manifester législativement. Expliquons cette pensée : un Président nommé au suffrage universel, et irrévocablement nommé pour quatre ans, exécutera-t-il toujours bien franchement les volontés de l'Assemblée dans les points où régulièrement cette volonté devra être obéie? Ne paralysera-t-il pas dans l'exécution les lois qui auront été votées contre son désir? — On sait combien, dans les questions de diplomatie, de guerre, de colonisation, il est facile de modifier complétement par le mode d'exécution la portée des mesures législatives. Si de pareils conflits se renouvellent souvent, l'Assemblée et le Président, nommés tous deux d'une manière irrévocable pour un nombre d'années déterminé, ne se trouveront-ils pas comme enfermés dans un cercle de fer dont celui qui se croira le plus fort sera tenté de sortir par une révolution? — On dira qu'avec un peu de patience ils arriveront au moment du renouvellement de l'Assemblée ou de la réélection du Président, et qu'alors la volonté na-

* Le projet de constitution ne satisfait pas à ces conditions.

tionale tranchera le débat ; mais, précisément dans les questions
de politique étrangère, de guerre, de colonisation, trois ans, deux
ans, un an même à attendre, c'est souvent l'infini ; les circonstances qui auront fait naître le débat une fois modifiées, la volonté
nationale n'aurait plus rien à juger. L'Assemblée devra donc pous-
ser la patience jusqu'à subir la force d'inertie et la mauvaise foi
dans l'exécution : en sera-t-elle capable si elle se sent soutenue
par l'opinion publique ? — Venons maintenant à une hypothèse
toute contraire : on ne doit pas se dissimuler qu'une Assemblée,
même nommée au suffrage universel, et nommée, je le suppose,
dans de bonnes conditions électorales, peut fort bien, longtemps
avant le terme fixé pour son renouvellement, cesser de représenter
l'opinion publique : les électeurs auront voté, par exemple, dans
un moment où l'anarchie était menaçante, et l'Assemblée, exclusivement composée au point de vue de l'ordre, représentera peut-
être fort mal l'opinion, quand, l'anarchie une fois vaincue, il faudra
se retourner pour défendre la liberté ; si les élections ont eu lieu
dans un moment où la liberté était menacée, le même effet pourra
se produire en sens inverse. — Ce qui vient d'être dit de l'ordre
et de la liberté serait également vrai d'un système de paix et d'un
système de guerre. — Eh bien ! lorsqu'une Assemblée sera arrivée
ainsi, ou de mille autres manières, à ne plus représenter l'opinion
publique, que deviendra la Constitution, si, dans une question
propre à passionner le pays, le Président met la force matérielle
placée dans sa main au service des entraînements populaires ?

A l'imitation des Américains, les auteurs du projet de Constitution
ont placé le Président en dehors du parlement, et il faut reconnaître
que c'est une conséquence forcée de l'élection pour un nombre
d'années déterminé. Autant il est simple et naturel qu'un Président
du Conseil vienne chaque jour défendre sa politique devant une
Assemblée, alors qu'elle peut, à tout moment donné, faire passer
son portefeuille en d'autres mains, alors que lui-même est tout
prêt à le déposer sur une simple expression de blâme ou de dé-
fiance, autant il serait fâcheux qu'un Président revêtu de pouvoirs
temporairement irrévocables, représentant jusqu'à un certain
point, comme l'Assemblée elle-même, la souveraineté populaire,

vînt personnellement se mêler aux débats parlementaires; il s'en-
suivrait des luttes directes, et pour ainsi dire *face à face*, qui en-
venimeraient les difficultés d'un antagonisme déjà fort redoutable.
— Les auteurs du projet ont sans doute espéré que la France sau-
rait enfin apprécier à leur véritable valeur l'intelligence administrative, l'activité, la fermeté, la modération, enfin toutes les qualités solides dont se compose l'esprit de gouvernement, et qui, en
réalité, valent infiniment mieux que l'éclat de la parole pour le
bonheur d'une nation. L'enthousiasme nous est si naturel, que nous
sommes fort capables de nous passionner même pour la froide raison,
mais on peut être bien sûr d'avance que cela ne durera pas longtemps; si toutes ces qualités solides et estimables ne viennent point,
par une discussion contradictoire dans le sein du parlement, se
démontrer elles-mêmes aux yeux de tous, elles cesseront bientôt
d'être appréciées. — Une majorité hostile, ou seulement douteuse,
pourra rendre par ses décrets l'administration du Président fort
difficile; lors même qu'il aura une incontestable majorité, il sera
ordinairement attaqué d'une manière violente par la minorité, et
peut-être sera-t-il assez mal défendu par ses ministres; car les
fonctions de ministre, ramenées à celles de premiers commis, ne
séduiront pas toujours les talents de premier ordre. — Le rôle de
Président, ce rôle qui doit être le premier dans notre drame républicain, sera donc ingrat, décoloré, un peu ennuyeux pour le public et pour celui-là même qui en sera chargé. Je crains que les
hommes dont il excitera vivement l'ambition, ne soient moins souvent des hommes aimant le pouvoir pour l'honneur que des hommes
aimant le pouvoir pour le pouvoir, ou des ambitieux considérant
seulement la présidence comme un marchepied.

Le danger des crises provoquées par les élections présidentielles
revenant à des époques périodiques, a certainement frappé les esprits éminents qui ont concouru au projet de Constitution; s'ils
ont accepté ce danger, c'est sans doute parce qu'ils n'ont vu aucun
moyen raisonnable de l'éviter : ce qu'il y a là de véritablement ef-
frayant, c'est moins peut-être encore l'ambition personnelle des
candidats, que l'ardeur avec laquelle les candidatures seront sou-
tenues par des multitudes d'ambitions subalternes enrégimentées

en coteries. La présidence donnera d'une manière irrévocable, pour quatre ans, la disposition de toutes les places que les nécessités d'une bonne administration empêcheront toujours d'abandonner à l'élection. Combien de convoitises, depuis celles qu'excitera une place de garçon de bureau jusqu'à celles qui rêveront un portefeuille ministériel, combien de convoitises éprouveront le besoin de signaler leur zèle aux yeux du futur Président ! — Sans doute, depuis trente ans, bien des coteries ont traversé le Pouvoir, mais elles y étaient représentées par un ministère dont la durée toujours incertaine devait, par la force des choses, imposer une certaine réserve à leur exploitation : quand la modération du jour est nécessaire pour garantir un lendemain, on arrive plus difficilement aux extrêmes limites de l'abus. Avec la présidence pour un nombre d'années déterminé, c'est tout différent : quelle enivrante perspective pour une coterie, que celle de se trouver irrévocablement, pendant trois ans, usufruitière de ce grand budget français, qui est au budget central des États-Unis comme un fleuve majestueux à un modeste ruisseau ! — Le Président, une fois nommé, aura, nous l'avons dit, bien des chances pour que sa popularité n'atteigne pas le terme de son pouvoir légal ; mais admettons l'hypothèse la plus heureuse, supposons qu'il gouverne à la satisfaction du grand nombre, et arrive avec toute sa popularité au moment fixé pour son remplacement, cette hypothèse n'est pas la moins redoutable pour la Constitution : il y a en France une disposition fâcheuse à attendre protection bien moins de la puissance de la loi, que des qualités réelles ou supposées d'un homme ; ne sentant pas en nous pour la loi le respect que nous devrions avoir, nous doutons facilement de sa puissance protectrice. Si donc nous avions un Président tout à la fois ferme et populaire, qui nous donnât l'ordre et la liberté, sous l'administration duquel la sécurité fît prendre aux intérêts industriels un grand développement, on verrait arriver avec un sentiment de frayeur la fin de sa présidence ; on ne supporterait pas l'idée d'être rejeté dans l'inconnu des luttes politiques, de voir les spéculations compromises, les intérêts menacés, les existences en question : tous les instincts peureux de la nation se coaliseraient certainement pour prolonger, en dépit des règles constitutionnelles, la durée de ce pouvoir tutélaire.

On a proposé de modifier le projet de Constitution en y introduisant, au lieu d'une seule Assemblée, deux Chambres législatives égales en pouvoir, dont l'une serait plus particulièrement destinée à représenter le mouvement, le progrès, l'autre les traditions et l'expérience. Ainsi modifiée, la Constitution donnerait beaucoup plus de garanties contre les entraînements irréfléchis, mais je ne crois pas qu'elle en offrît davantage contre le danger des explosions. Avec deux Chambres législatives et un Pouvoir exécutif, tous trois nommés pour un temps déterminé, on aura probablement, au lieu de l'antagonisme de un contre un, l'antagonisme de deux contre un. Ce système paraît préférable à celui du projet pour les temps ordinaires; mais pour les temps de passion politique, il semble également défectueux en ce qu'on n'y trouve pas de soupape de sûreté.

Un partisan des deux Assemblées a proposé de constituer, au lieu de deux Chambres égales en autorité, une Assemblée exerçant la plénitude du Pouvoir législatif et un Sénat auquel on accorderait *seulement* le veto suspensif. — Nous avons dit plus haut comment, chez le peuple le plus dénué de patience qui soit sur la terre, le veto suspensif pourrait bien avoir les dangers du veto absolu. D'ailleurs, un Sénat réduit au veto *suspensif* pour toute prorogative aurait dans la Constitution un rôle secondaire : par cela seul il aurait peu de chance d'attirer à lui les grandes illustrations du pays; et l'infériorité du personnel se réunissant à l'infériorité de prérogative, il pourrait bien n'être qu'un rouage subalterne dont on se débarrasserait facilement le jour où il ferait obstacle.

On a proposé, toujours dans le système des deux Chambres, et pour éviter les inconvénients d'une lutte possible, de réunir dans certains cas les deux Chambres et de les faire délibérer en commun : c'est une idée fort ingénieuse et qui atténue sans nul doute les inconvénients de la lutte ; cependant ces inconvénients sont plutôt encore dissimulés qu'évités par la délibération en commun : il suffira en définitive, pour que la Chambre des Représentants soit arrêtée d'une manière absolue par l'opposition de l'autre Chambre, que la majorité formée dans cette dernière pour le rejet d'une loi soit plus forte que la majorité formée dans la première pour l'adoption de la même loi. Par exemple, ce qu'on aura adopté dans la Chambre des Représentants à la majorité de vingt voix sera définitivement repoussé s'il se forme dans l'autre Chambre une majorité de quarante voix pour le rejet. — Et on aura beau réunir les hommes dans la même enceinte, les passions populaires verront toujours la majorité d'une Chambre en lutte avec la majorité de l'autre.

Du reste, les partisans du système des deux Chambres semblent admettre le Pouvoir exécutif tel qu'il est constitué par le projet de Constitution.

Je me suis proposé dans ce travail de présenter une combinaison qui satisfît aux conditions déduites du caractère national, qui fût imaginée spécialement en vue de nos défauts. Voici cette combinaison que je soumets à la critique des hommes expérimentés :

Combinaison qui semblerait satisfaire aux conditions déduites du caractère national.

Une Assemblée nationale représentant la souveraineté du peuple dans toute sa puissance, ayant par conséquent la plénitude de l'autorité législative.

Un Président du conseil des ministres nommé par l'Assemblée nationale qui pourrait toujours le révoquer. — Il désignerait ses collègues.

Un Sénat dont la composition serait tout à fait démocratique, mais qui serait cependant choisi de manière à représenter dans la politique du pays les traditions et l'expérience (1). Il partagerait avec l'Assemblée nationale l'initiative des lois, et de plus serait investi des pouvoirs suivants :

Droit d'amender les lois votées par l'Assemblée nationale, et de provoquer par conséquent de sa part des examens successifs ;

Veto suspensif contre lequel l'Assemblée nationale pourrait se défendre par des déclarations d'urgence qui réduiraient extrêmement la durée du veto suspensif ;

---

(1) Nous n'examinerons pas ici quelle serait la meilleure manière de composer ce sénat ; on peut le faire nommer par les mêmes électeurs que l'Assemblée, ou par l'Assemblée elle-même, ou peut-être encore de plusieurs autres manières : l'essentiel, c'est qu'il soit d'origine aussi complétement démocratique que l'Assemblée, c'est qu'il ne soit pas trop nombreux et que son renouvellement s'opère d'année à au're par *petite fraction*. Si, par exemple, on le renouvelle par dixième, il représentera toujours la moyenne des opinions qui auront dominé dans le pays pendant les dix dernières années.

Enfin, et c'est ici que résiderait essentiellement le caractère de l'institution, *droit de dissoudre l'Assemblée nationale, d'en appeler ainsi au suffrage universel toutes les fois que l'Assemblée nationale ne serait plus l'expression certaine de la volonté du pays*. — Inutile de faire remarquer que ce droit de dissolution protégerait le veto suspensif du Sénat contre l'abus que l'Assemblée pourrait faire des déclarations d'urgence (1).

Ce système doit être jugé dans son ensemble : considérées isolément, les deux modifications qu'il apporte au projet de constitution seraient détestables. — Si, à l'Assemblée du projet et à son Président élu au suffrage universel pour quatre ans, on ajoutait un Sénat armé du droit de dissolution, le rôle de l'Assemblée serait amoindri outre mesure ; il suffirait, pour faire descendre la Représentation nationale à un rôle secondaire, que le Sénat mît son droit de dissolution au service du Président, ou que le Président mît sa force matérielle au service de l'influence du Sénat. — Si, avec l'Assemblée unique du projet, on admettait un simple Président du conseil toujours révocable, on aurait le gouvernement dictatorial d'une Assemblée, c'est-à-dire un gouvernement qui ne convient nullement aux temps ordinaires. — On doit donc juger le système dans son ensemble. Il donne à l'Assemblée nationale le plus magni-

---

(1) Inutile également d'expliquer ici comment on réglementerait les rapports de l'Assemblée et du Sénat. En définive, le Sénat aurait à l'égard de l'Assemblée un *droit de conseil* qu'il exercerait par l'initiative parlementaire, par les amendements, par le vote suspensif ; l'Assemblée aurait *la force légale* en ce qu'elle pourrait toujours fixer un délai dans lequel le Sénat serait tenu ou d'accepter la loi ou d'user de son droit de dissolution ; ce droit de dissolution forcerait l'Assemblée à prendre en sérieuse considération les conseils du Sénat. Voilà les points essentiels ; les détails réglementaires sont faciles à déduire.

On a demandé si, quand il s'agirait de résister à l'émeute ou à l'insurrection, l'existence de deux Assemblées ne constituerait pas, quelle que fût la manière dont on combinât leurs attributions, une difficulté matérielle. Sur ce point, deux bien simples observations : d'abord en général l'existence de deux Assemblées rend la tâche de l'émeute plus difficile, parce qu'avec deux Assemblées il ne suffit pas, pour obtenir des décisions irrévocables, d'exercer une pression de quelques heures ; ensuite un Sénat peu nombreux, par conséquent facile à déplacer et à loger, pourrait, selon les circonstances, ou bien venir se placer auprès de l'Assemblée nationale, sous la protection des mêmes moyens de défense et de manière à ce que toutes les communications pussent se faire sans aucune perte de temps, ou bien se transporter hors de la capitale dans un lieu de complète sécurité ; ainsi placé hors de la portée de l'insurrection, il provoquerait de la part de l'Assemblée de nouvelles délibérations sur les points où elle n'aurait pas délibéré en pleine liberté ; si l'oppression continuait, il pourrait, par une dissolution, appeler la nation tout entière dans les colléges électoraux, et enlever ainsi aux séditieux, devenus maîtres de l'Assemblée, le moyen de donner à leurs décrets une apparence de légalité.

fique rôle qui puisse appartenir à une Assemblée : expression souveraine des volontés du pays, pouvant abréger par des déclarations
d'urgence les délais qui seraient apportés à l'exécution des lois qu'elle
aurait faites, tenant toujours dans sa main l'existence du Pouvoir
exécutif, sûre par conséquent que ses lois seraient exécutées franchement, ne relevant, en un mot, que de ses électeurs. — Aucune
Constitution imaginable ne peut donner à une Assemblée plus de
grandeur, et cependant, il s'en faut bien que ce soit là une dicta-
ture. Le droit de dissolution toujours suspendu sur une Assemblée
est un frein fort puissant, car cette arme de la dissolution menace
tout à la fois la majorité qui, dans la bataille électorale, peut être
modifiée ou détruite, et l'individu qui, même en admettant le
triomphe de son opinion, peut perdre, par un hasard de scrutin,
sa position parlementaire. Cette arme redoutable en tout pays l'est
bien plus encore dans le nôtre, où la mobilité de l'opinion aug-
mente l'inconnu des chances électorales.

Dans la combinaison que nous venons d'exposer, les garanties
contre l'irréflexion législative sont assez évidentes pour qu'il soit
inutile de les développer. Quant à ces explosions ordinairement
provoquées par la lutte des pouvoirs constitués, et qui produisent
des révolutions, on ne voit guère d'où elles viendraient : entre
l'Assemblée nationale et le Pouvoir exécutif, pas de lutte possible,
puisqu'au moment où celui-ci cesserait de représenter la majorité
de l'Assemblée, il cesserait d'exister; entre le Sénat et l'Assemblée,
une lutte de nature à mettre en mouvement des forces insurrec-
tionnelles ne peut pas davantage se concevoir. Qui serait tenté de
faire appel à la force? Le Sénat? Evidemment non, puisqu'un
vote de dissolution lui suffirait pour terminer la lutte; l'Assemblée?
Mais si puissante que soit une Assemblée élue au suffrage universelle, ses moyens d'action matérielle ne peuvent être, précisément
parce qu'elle est élue au suffrage universel, en dehors de ses électeurs; et il sera toujours malaisé de persuader à des électeurs
qu'ils doivent se mettre fort en colère de ce qu'on en appelle à
leur jugement. — Dira-t-on que le corps électoral ayant renvoyé
la même majorité, étant décidé à la renvoyer toujours, le Sénat
pourra s'obstiner dans la lutte? Mais, pour admettre cela, il fau-

drait supposer qu'au lieu de faire entrer dans le Sénat les hommes les plus prudents du pays, on aurait pour le composer choisi à plaisir les plus fous.

Nul ne contestera l'avantage d'éviter les crises qu'améneraient périodiquement les élections à la présidence, mais on dira que, pour éviter cet inconvénient, il faut tomber dans un autre, celui des crises ministérielles incessamment produites par les déplacements de la majorité; et on citera sans doute comme exemple l'instabilité de l'administration pendant les dix premières années du règne de Louis-Philippe.

Sur ce point deux observations :

Mieux vaudrait encore l'agitation trop continue des esprits que les alternatives de calme plat et de brusque retour à la vie politique. Je sais bien que le danger du calme plat n'est pas précisément celui dont on doit se préoccuper davantage à la lecture du projet de Constitution, mais le propre des mauvaises Constitutions, c'est de pouvoir amener les dangers les plus contraires. — Supposons que tout aille le mieux possible; le Président et la majorité de l'Assemblée, investis l'un et l'autre pour un temps déterminé de pouvoirs irrévocables, se trouvent dans un accord parfait; les partis extra-constitutionnels sont découragés. Eh bien! un nouveau péril va naître : c'est que l'opposition constitutionnelle, en dehors et dans le sein de l'Assemblée, n'ayant plus aucune chance légale de succès pendant plusieurs années, ne tombe aussi dans le découragement; c'est que les esprits s'abandonnant exclusivement au courant des affaires ou des plaisirs, la vie politique ne s'éteigne momentanément pour se réveiller ensuite d'une manière terrible. — La monarchie de Louis-Philippe avait résisté aux agitations incessantes des dix premières années de son règne; elle a été emportée par le réveil de l'esprit public assoupi pendant trois ans. — Il faut, en politique, se défier beaucoup des eaux dormantes : on n'en sort que par la tempête.

Ce serait, du reste, une grande erreur que de considérer toute administration, dont l'existence serait subordonnée aux décisions de la majorité parlementaire, comme nécessairement exposée à de trop fréquentes révolutions ministérielles. Il est dans la nature des

choses qu'une majorité librement formée se grossisse par l'acces-
sion de tous les hommes faibles ou incertains, ou aimant par caractère à se trouver du côté le plus fort, et qu'elle se constitue ainsi
d'une manière assez puissante pour soutenir le ministère nommé
par elle, jusqu'à ce que des fautes graves ou de nouvelles nécessités politiques aient rendu son changement désirable. S'il y a eu
tant de révolutions ministérielles de 1830 à 1840, c'est que le
mouvement naturel des majorités était profondément troublé par
l'action du Pouvoir royal. Dès qu'une assemblée sortait des colléges
électoraux, elle était l'objet d'un travail continu et obstiné dont le
résultat était d'en dégager une majorité factice; ensuite le roi pla-
çait le gouvernement aussi loin qu'il était possible d'aller dans le
sens de ses idées personnelles, sans que cette majorité devînt minorité. De là deux conséquences : la première, c'est que la majorité étant de nature factice ne pouvait subsister sans l'emploi
indéfiniment prolongé des moyens qui l'avaient formée; la seconde
c'est que l'administration, assise sur la limite extrême d'une majorité et d'une minorité, tremblait perpétuellement dans sa base.

J'arrive à une objection assez spécieuse et pourtant bien dénuée
de raison. Il est impossible, dira-t-on, qu'un pays soit bien admi-
nistré si le chef du pouvoir exécutif vient au sein d'une Assemblée
perdre son temps en discussions stériles. Ceux qui présenteraient
cette objection ne feraient pas attention que les affaires d'un grand
pays comme la France sont trop compliquées pour être admi-
nistrées directement par un seul homme; qu'en définitive, le chef
du Pouvoir exécutif ne pourra jamais administrer que par l'inter-
médiaire de ses minisires : or, dans le système emprunté aux Américains, la présence des ministres à l'Assemblé est d'autant plus
nécessaire, ils sont d'autant plus obligés de s'y trouver toujours,
même au détriment des affaires, que le Président ne peut y être.
D'ailleurs, le Président dans son palais ne perdra-t-il pas à discuter
avec ses ministres, sur ce qu'ils devront dire ou sur ce qu'ils auraient dû dire, autant de temps qu'il lui en faudrait pour venir le
dire lui-même?
La manière dont sera constitué le pouvoir exécutif aura une
grande influence sur un point qui me semble capital, sur la sincé-

rité de la discussion à la tribune de la Représentation nationale. Ceux qui se sont occupés d'affaires savent qu'il y a en toute question deux manières de discuter : l'une aborde franchement la difficulté, l'autre tend à l'éluder; l'une cherche à éclaircir ces faits douteux, obscurs ou compliqués, au milieu desquels se cache ordinairement la raison décisive, l'autre laissant dans le nuage qui les enveloppe les détails décisifs prend une base quelconque d'argumentation et entasse bravement raisonnement sur raisonnement. Ces deux manières de discuter se retrouvent en présence partout où on discute; et il n'est au pouvoir d'aucune loi, d'aucun réglement, d'obliger un corps délibérant à n'admettre que la discussion sincère; cela dépend essentiellement de l'intérêt auquel obéit celui qui parle et de sa situation à l'égard de ceux qui écoutent. Avec des ministres et un Président du Conseil solidaires entre eux, venant exposer leur politique devant une Assemblée souveraine, sachant bien qu'un acte de mauvaise foi, une réticence perfide, peuvent provoquer ces témoignages d'improbation devant lesquels tombe un cabinet, on a chance d'obtenir une discussion franche et sérieuse; avec un Président retiré dans son palais, d'où aucun vote de l'Assemblée ne pourrait le faire sortir, représenté à l'Assemblée par des ministres, simple commis n'ayant pas à vrai dire de responsabilité collective, pouvant toujours couvrir leur responsabilité personnelle par la volonté réelle ou présumée du chef, sachant d'ailleurs que leur portefeuille ne dépend point de l'Assemblée à laquelle ils parlent, on arrivera bien difficilement à une discussion sincère. Tout homme qui agit beaucoup saisit volontiers les occasions d'échapper à la discussion de ses actes, et, s'il ne peut y échapper, préfère ordinairement la discussion superficielle à la discussion approfondie; tout homme qui discute au nom d'un autre, a mille moyens, même quand ce sont ses propres actes qu'il défend sous le nom d'autrui, d'éluder la question, de différer indéfiniment les réponses aux interpellations qui lui sont faites, de s'abriter derrière des fins de non-recevoir, de s'envelopper dans une réserve mystérieuse. — Simples commis du Président, les ministres ne risqueront presque jamais rien en se taisant ou en parlant sans rien dire, car leur silence ou le vide de leur parole ne pourront mécontenter que l'Assemblée; si, au contraire, il leur arrive de trop dire, d'être trop francs, trop explicites, ils auront chance d'encourir le mécontentement beaucoup plus redoutable du Président.

Voici maintenant pourquoi, à mon avis, c'est là un point capital :

Nous devons compter pour l'avenir de la France, bien moins peut être sur le mérite de cette Constitution dont l'enfantement est si laborieux, que sur le développement de la raison publique. Eh bien! d'où la lumière politique pourra-t-elle descendre sur les masses si ce n'est de la tribune nationale? Dans les journaux, chaque lecteur trouve seulement les arguments de son opinion; les faits y sont envisagés (sinon défigurés) au point de vue vers lequel penche déjà son esprit. — Lorsqu'il s'agit d'affaires aussi compliquées que celles de la France, la vérité des détails, seule base de toute conviction raisonnée, ne peut être bien saisie par l'opinion publique sans de grands débats contradictoires où, les hommes étant en présence, les pièces étant sur le bureau, l'enjeu du débat étant le gouvernement du pays, l'intérêt dramatique de la lutte vienne couvrir l'aridité de certains sujets, rendre accessibles à tous certaines questions épineuses. — Toutes les fois qu'une discussion approfondie et sensée a lieu à la tribune de la Représentation nationale, que, le même jour, elle est lue par plusieurs millions de lecteurs, commentée ensuite dans le sein des familles, il s'établit un lien entre les intelligences éparses sur la surface du pays, et la raison publique fait un pas. — Comment la forme républicaine est-elle devenue possible en France sinon par les progrès continus que la raison publique a faits depuis 1815? Et n'est-ce pas surtout à la discussion parlementaire que nous devons ces progrès?

Les idées que je viens d'exposer soulèvent, il faut le reconnaître, une objection grave, l'objection de l'étrangeté.

A-t-on jamais vu dans une République un Sénat armé du droit de dissoudre la Représentation nationale, et un Pouvoir exécutif perpétuellement exposé à être renversé par un déplacement de la majorité parlementaire?

Je n'en sais rien, et j'admettrai volontiers que cela ne s'est jamais vu. Je ferai seulement sur ce point une réflexion. Si, depuis le commencement du monde, il était arrivé un grand nombre

de fois que des nations aussi nombreuses que la France, aussi complétement démocratiques, se fussent constituées en République unitaire, et eussent par ce moyen trouvé la prospérité, il serait sagé
de s'attacher soigneusement aux institutions déjà essayées par ces
nations, car les faits, car l'expérience ont une valeur bien autre
que les théories les plus satisfaisantes sur le papier. Mais il se
trouve que nous voulons. constituer une grande nation en République démocratique et unitaire; que nous voulons, en d'autres
termes, faire concourir dans une action unique des millions de volontés individuelles sans les avoir auparavant réunies en faisceau,
sans avoir placé, entre l'individu infiniment petit et la nation infiniment grande, des associations intermédiaires réunies par un lien
fédéral. Cette expérience, dont le résultat sera sublime ou ridi-
cule (je suis de ceux qui l'espèrent sublime), cette expérience n'a
été encore tentée qu'une seule fois et n'a pas réussi. Nous sommes
en présence d'une difficulté assez semblable à celle qu'on imposc-
rait à un ingénieur, si, le chargeant de construire un grand et solide
ouvrage avec des millions de très-petites pierres, ou lui interdisait de
les réunir en blocs de beton et d'en rendre ainsi l'emploi plus facile.
— Pour une œuvre aussi nouvelle, la prudence même ne conseille-
t-elle pas de ne point s'attacher trop exclusivement aux combinai-
sons déjà essayées, et d'examiner avec attention tout ce qui peut
être proposé, quand bien même au premier abord cela semblerait
étrange?

Les élections sur dissolution que je propose d'introduire dans
notre Constitution républicaine me semblent satisfaire tout à la fois
à un sentiment de sage précaution et à un sentiment démocratique.

Comprend-on bien le danger d'élections au suffrage universel
revenant périodiquement à des époques fixées d'avance par la loi,
et qu'on peut ainsi être obligé de faire, au milieu d'une crise violente, dans un temps de famine, immédiatement après une décla-
ration de guerre, le lendemain d'une insurrection dont la répres-
sion énergique aura exagéré la force du Pouvoir exécutif, ou d'une
émeute incomplétement réprimée qui laissera l'autorité publique
sans force et le pays sous le coup d'une terreur anarchique? N'est-
il pas désirable que la prudence humaine ait une certaine part dans

le choix du moment où sera renouvelée la Représentation nationale ; qu'on puisse au besoin devancer un peu le terme légal pour profiter d'un moment de tranquillité politique, ou pour placer, en face de grandes difficultés qui se montreraient dans un avenir prochain, une Représentation nationale armée de toute la puissance morale que donne une élection récente ?

Les élections sur dissolution, quand elles ont lieu à la suite d'un dissentiment entre deux pouvoirs législatifs, ne sont-elles pas la plus large, la plus complète application du principe démocratique ? Ne peut-on pas arriver ainsi à faire voter sur une question ou sur un système plusieurs millions d'électeurs, aussi facilement, aussi régulièrement qu'autrefois dix mille citoyens réunis sur la place d'Athènes ?

Le double mécanisme d'une administration obligée de conserver la majorité dans la Représentation nationale ou de se retirer, marchant par conséquent toujours d'accord avec la majorité, et d'un Pouvoir modérateur ayant pour mission de renvoyer la Chambre à ses électeurs aussitôt qu'elle ne représente plus le véritable état de l'opinion, ce double mécanisme est sans contredit ce qu'il y a de plus satisfaisant dans la théorie des monarchies constitutionnelles. — Pourquoi tant d'hommes éclairés ont-ils admis le préjugé populaire d'après lequel la République aurait été impossible en France ? Est-ce parce que la France a eu des rois pendant quatorze siècles, parce que notre première République n'a pas duré, parce qu'il serait impossible de trouver la raison et la sagesse en dehors d'une famille privilégiée, parce que la frivolité de nos mœurs réclamerait le faste d'une cour ? Non, à coup sûr, c'est parce qu'on voyait dans le régime constitutionnel ce qu'on ne voyait pas dans les rares Constitutions républicaines des temps modernes : une certaine souplesse, une certaine *élasticité* singulièrement appropriée à la situation toujours compliquée et difficile d'une grande nation européenne, ayant pour voisins et pouvant à chaque instant avoir pour ennemis les peuples les plus puissants du monde, de plus, perpétuellement exposée au choc de ces passions impétueuses qui se développent par l'accroissement illimité d'une population attachée à un sol *limité*. — Ce mécanisme ingénieux, principal mérite de la monarchie constitutionnelle, n'a pas été inventé à *priori* par un publiciste ; il a été produit en Angleterre par le courant des événements, dans la lutte prolongée de l'esprit de liberté contre les nécessités pratiques d'une administration immense. — Le côté défectueux des monarchies constitutionnelles, c'est que le roi peut fort bien, comme cela est arrivé souvent, choisir le Président du Conseil des ministres d'après ses idées personnelles plutôt que d'après le vœu de la majorité, c'est que le pouvoir de dissoudre et la puissance administrative se trouvant placés dans la même main, le roi peut se débarrasser, par la dissolution, d'une Chambre qui le contrarie, et exercer sur les réélections une influence assez considérable pour obtenir une Assemblée qui soit plutôt selon son cœur que selon le vœu du pays ; mais ces deux inconvénients sont évités si la majorité des Représentants nomme directement le Président du Conseil des ministres, si le pouvoir de dissoudre est confié à un Sénat dépourvu de puissance matérielle. — On prouverait ainsi qu'il est possible de se passer de roi, d'échapper au péril de la minorité, à celui de la vieillesse, et de conserver ce qu'il y a de meilleur dans la monarchie constitutionnelle ; on ferait faire au principe républicain un grand pas, un pas peut-être décisif.

Je termine en indiquant la considération qui m'a surtout déterminé à faire ce travail : il m'a semblé voir, dans la combinaison du Pouvoir exécutif confiée à un simple Président du Conseil, et d'un Sénat armé du droit de dissolution, une conciliation possible entre les deux opinions qui aujourd'hui se partagent l'Assemblée. — Les partisans des deux Chambres trouveraient dans cette combinaison des garanties réelles contre l'irréflexion et les entraînements législatifs. Les partisans de l'Assemblée unique y trouveraient ce qui les préoccupe par-dessus tout, la prépondérance absolue de la volonté nationale, la certitude que cette volonté ne pourrait jamais être arrêtée indéfiniment par l'obstination d'un sénat.

Félix LEBON,

Avocat à la Cour de Cassation.

Paris. — Imprimerie de POMMERET et MOREAU, quai des Grands-Augustins, 17.